SOMOS CAPAZES DE COMUNICAR

4º ANO
ALUNO

MARIA INÊS CARNIATO

SOMOS CAPAZES DE COMUNICAR

4º ANO
ALUNO

EDIÇÃO REVISTA E AMPLIADA

Dados Internacionais de Catalogação na Publicação (CIP)
(Câmara Brasileira do Livro, SP, Brasil)

Carniato, Maria Inês
  Somos capazes de comunicar : 4º ano : aluno / Maria Inês Carniato ;
ilustrações Soares. – rev. e ampl. – São Paulo : Paulinas, 2010. – (Coleção
ensino religioso fundamental)

  ISBN 978-85-356-0871-7

  1. Educação religiosa (Ensino fundamental) I. Soares II. Título. III. Série.

10-00224   CDD-377.1

Índices para catálogo sistemático:
1. Ensino religioso nas escolas   377.1
2. Religião : Ensino fundamental   377.1

1ª edição – 2010
2ª reimpressão – 2018

Direção-geral: Flávia Reginatto

Editora responsável: Luzia M. de Oliveira Sena

Assistente de edição: Andréia Schweitzer

Copidesque: Leonilda Menossi

Coordenação de revisão: Marina Mendonça

Revisão: Ruth Mitzuie Kluska

Direção de arte: Irma Cipriani

Ilustrações: Soares

Gerente de produção: Felício Calegaro Neto

Projeto gráfico: Telma Custódio

Nenhuma parte desta obra poderá ser reproduzida ou transmitida por qualquer forma e/ou
quaisquer meios (eletrônico ou mecânico, incluindo fotocópia e gravação) ou arquivada em
qualquer sistema ou banco de dados sem permissão escrita da Editora. Direitos reservados.

Paulinas
Rua Dona Inácia Uchoa, 62
04110-020 – São Paulo – SP (Brasil)
Tel.: (11) 2125-3500
http://www.paulinas.com.br – editora@paulinas.com.br
Telemarketing e SAC: 0800-7010081
© Pia Sociedade Filhas de São Paulo – São Paulo, 2002

Boas-vindas à iniciação na sabedoria!

Olá, estudante!

Boas-vindas ao 4º ano!

Você está crescendo rapidamente! Observe as pessoas da turma: veja como também estão maiores que no ano passado.

Mas ninguém cresce só em estatura, você sabe. As pessoas crescem de diversas formas, inclusive na capacidade de pensar, de compreender e de comunicar, e merecem ser iniciadas no modo sábio de viver!

Nas aulas de Ensino Religioso deste ano você vai crescer muito, descobrindo acontecimentos incríveis.

O ano será como uma iniciação na sabedoria, isto é, muitos conhecimentos novos lhe serão revelados, para que você se torne uma pessoa sábia.

Em cada aula, apresentamos inicialmente um pequeno texto para ler e comentar. Depois você irá participar do *círculo de iniciação*. Isso quer dizer que aprenderá muito por meio da comunicação, com colegas e com a professora ou o professor. A seguir, vem o *enigma*, que desafia a inteligência e, ao mesmo tempo, diverte. Por fim, a *trilha da sabedoria* propõe que você faça suas próprias pesquisas e entre nos recintos secretos do conhecimento. A *mensagem da semana* serve para você pensar, cantar ou conversar com quem você ama a respeito do que está descobrindo no Ensino Religioso.

Bom ano de estudo! Aliás, bom ritual de iniciação na sabedoria!

Um grande abraço da autora deste livro.

UNIDADE 1

A comunicação no planeta Géa

Objetivo Refletir acerca da capacidade de participação individual e coletiva na construção de um mundo humanizado e pleno de significados, conforme ensinam as tradições religiosas.

1.1. Agentes secretos de Géa*

OBJETIVO

Apresentar-se com base em valores e atitudes que caracterizarão a própria convivência com a turma.

A PERSEGUIÇÃO

O planeta Géa é uma linda esfera azul que flutua no espaço. É formado de água e terra, recoberto de verde e pontilhado de flores, desde o princípio. Depois, os habitantes o coloriram ainda mais com belas cidades, grandes navios nos mares e aeronaves no ar.

O que Géa tem de diferente de nosso planeta é o tempo. Lá, um dia vale por um ano. Um menino de 10 anos tem, na verdade, 3.650 anos.

Géa era um lugar de paz e felicidade. Mas foi invadida por guerreiros da terra do Pavor, que escravizaram os geáqueos e os forçaram a mentir, assaltar, assassinar, traficar, explorar, destruir, brigar, desrespeitar, abandonar, enganar, sequestrar e guerrear.

---

* Nome fictício, semelhante ao nome grego do planeta Terra – *gea* (pronuncia-se "guéa").

Quando os pavoráqueos iniciaram a perseguição em Géa, não conseguiram capturar todas as pessoas. Então, consultaram nos computadores os registros da população e descobriram os nomes dos clandestinos. Agora os perseguem para apanhá-los. Por isso, eles adotaram nomes enigmáticos e assumiram a identidade de agentes secretos. Eles têm a missão de restituir a liberdade à população escravizada e fazer o planeta voltar a ser o que era antes.

DOCUMENTOS DOS AGENTES SECRETOS DE GÉA

Nome: *Discídapa*
Significado: *Discípula da paz*
Pai: *Respeito*
Mãe: *Serenidade*
Idade: *7.300 anos*
Missão secreta: *Jamais responder a provocações.*

Nome: *Désdemen*
Significado: *Destruidor de mentiras*
Pai: *Bom senso*
Mãe: *Sinceridade*
Missão secreta: *Jamais mentir nem enganar.*

CÍRCULO DE INICIAÇÃO

Você sabia que qualquer pessoa pode ter uma missão secreta?

Você viu que o nome de cada agente tem relação com a missão secreta?

Em sua opinião, quais as missões mais necessárias no planeta Terra? Por quê?

Agora, você pode imaginar-se um agente secreto de Géa. Pode escolher sua missão e criar o seu nome. Depois, faça seu documento de identidade e apresente-se.

ENIGMA

Quem é a pessoa a quem nos sentimos unidos por sentimentos de fraternidade?

R.: Encaminhar-se (1) + Cacho de dedos (1)

O número entre parênteses indica o número de sílabas que você deve escrever para formar a palavra-resposta. Para descobrir as respostas, consulte o "chaveiro dos enigmas", no fim do livro.

TRILHA DA SABEDORIA

Você pode pesquisar, durante a semana, o significado das palavras "discípulo" e "serenidade".

MENSAGEM DA SEMANA

DOCE PEDIDO

Vem, criança, vem
Empresta teu sorriso ao mundo
Deixa tua inocência preencher os espaços
Olha o céu, tu o tens em teus braços
Teu sonhar alcança as estrelas
Que brilham dentro de ti

Canta, criança, canta
Tua voz desperta os anjos
Que te acompanham na melodia
Teu mundo é tão fantasia
Tua meiguice enternece o coração da gente
E nele faz brotar a emoção como semente

Vem, criança, vem
Há esperança em tua inocência
É o Deus menino trazendo à consciência
O desejo de ser simples, de ser paz
Vem, criança, vem
Há esperança em tua inocência
Vem, criança, vem
Ensina-me a ser feliz também

Vem, criança, sorri
Ensina o mundo a ser feliz
É Deus quem fala pelo teu sorriso
É o coração dizendo que amar é preciso
Que o bem e a fé vêm do querer
E que é tão bom saber viver.

Paulinho e Cida Freitas. CD *Meu canto em oração*.
Paulinas/COMEP, 1996.

1.2. Palavras (quase) "mágicas"

OBJETIVO

Compreender a importância da linguagem na comunicação de valores e atitudes que constroem paz e felicidade.

A LÍNGUA DO PAÍS "P"

A população do país P é feliz. As pessoas descobriram a existência de palavras e letras que parecem mágicas, porque ajudam a viver com alegria.

P é um país muito bem cuidado. É a casa de todos. A principal característica do povo de P é a língua do P.

CÍRCULO DE INICIAÇÃO

Você descobriu como funciona a letra mágica na língua do país P? Observe, pense, compare e tente traduzir.

Depois reflita e converse com a turma: quais as outras palavras que a letra P faz lembrar?

ENIGMA

Com o grupo, você pode imaginar que foi a uma conferência internacional no país P. Lá foram tratados assuntos urgentes para o bem de toda a população da Terra.

O tema da conferência foi: *Apa papaz depe-pepen-depe de-pe topo-dopos no-pós.*

Com o grupo, você pode criar outros temas para a conferência internacional. Pode usar as palavras que a letra "p" faz lembrar.

Também pode escrever os temas na linguagem do país P, depois trocá-los com outro grupo para serem decifrados.

TRILHA DA SABEDORIA

Você pode pesquisar, durante a semana, o significado das palavras "partilha", "amor", "respeito" e "paz".

MENSAGEM DA SEMANA

FARÓIS DE ESPERANÇA

Um novo tempo sonhamos
De justiça, paz e amor
Unindo nossas mãos
Faremos acontecer

Ainda é tempo
Pra felicidade
Um cantinho de paz
Esperança e amizade
Respeitar a vida, a natureza
Cuidar da beleza de todo o planeta
É a nossa missão

Vamos acender faróis de esperança
Luzes de confiança
Para o mundo ser melhor.

Verônica Firmino. CD *Faróis de esperança*.
Paulinas/COMEP, 2002.

1.3. Dicionário do conhecimento sagrado

OBJETIVO

Conhecer o significado de palavras que expressam a sabedoria sagrada em todas as tradições religiosas.

A ESCOLA DE TODOS OS POVOS

A escola de conhecimento sagrado reúne estudantes de diferentes etnias, tradições religiosas e de todos os povos. O estudo funciona assim: a classe entra no círculo de iniciação e conversa a respeito do que acontece no mundo, no país, na cidade, nas famílias e na vida de cada pessoa.

O mestre da escola é um ancião de origem indígena. Depois de todos terem falado sobre assuntos que observam no dia a dia, ele inicia os alunos no conhecimento sagrado. Fala do ensinamento das tradições religiosas acerca das atitudes humanas. Por exemplo: se existe a *ira*, que maltrata e magoa, é possível viver a *mansidão*, que respeita e protege. Se existe a *desigualdade*, que causa fome e morte, é possível viver a *partilha*, que nos ensina a repartir o que é nosso com quem tem menos e proteger a vida. Se existe a *guerra*, que causa medo, é possível viver a *paz*, que dá segurança e alegria. Por isso, essas palavras são sagradas.

Quando o mestre acaba de explicar, as crianças pesquisam outros significados para as palavras sagradas. A turma toda, então, escreve o *Dicionário do conhecimento sagrado*. A cada aula, novas palavras aparecem.

CÍRCULO DE INICIAÇÃO

Você sabia que as palavras faladas e escritas comunicam experiências e ideias?

Sabia que as palavras sagradas têm significados semelhantes em todas as línguas?

Em sua opinião, quais são as palavras sagradas mais importantes para que haja paz e amizade entre as pessoas?

Com o grupo, você pode fazer uma síntese dos significados de uma das palavras que você já pesquisou. Assim, irá formar-se o dicionário sagrado da turma.

ENIGMA

Transliterar é escrever palavras e frases com letras de um outro alfabeto. Por exemplo: escrever palavras em português, usando letras do alfabeto grego.

Abaixo temos o alfabeto grego usado há mais de três mil anos.

Que tal transliterar uma palavra? Primeiro, escreva a palavra em português. Depois, confira os dois alfabetos e copie cada letra correspondente no alfabeto grego.

α	β	κ	δ	ε	φ	γ	‘	ι	ι	κ	λ	μ	ν	ο	π	χ	ρ	σ	τ	υ	ξ	υ	ζ
a	b	c	d	e	f	g	h	i	j	k	l	m	n	o	p	q	r	s	t	u	x	y	z

Obs.: A letra "h" não corresponde a uma letra em grego, mas a um sinal que parece uma aspa simples, o qual era usado no início de algumas palavras iniciadas com vogal. Seu som corresponde ao "h" do inglês, como em *he* ("ele").

As letras "v" e "w" não possuem letras correspondentes em grego.

Para reproduzir as letras gregas no computador você pode usar a fonte *symbol*.

16 | **Somos capazes de comunicar** Livro do aluno

TRILHA DA SABEDORIA

Você pode pesquisar o significado das palavras "sagrado", "atitude" e "experiência" e incluí-las no dicionário sagrado da turma.

MENSAGEM DA SEMANA

CORO DAS RAÇAS

Qual é a cor do nosso Deus
E qual o sangue que ele tem?
Deus tem a cor dos filhos seus
Deus tem o sangue que eles têm

O sentimento não tem cor
E em cada um pode morar
O amor sincero é incolor
Jamais nos vai discriminar

A paz virá desta união
De sangue, raças e de cor
Quando aceitarmos nosso irmão
Conforme fez o Criador

A cor que tinge o nosso rosto
Não pode o espírito mudar
Um dia tudo será posto
Na mesma oferta e mesmo altar

José Acácio Santana. CD *Notícias de vida*. Paulinas/COMEP, 1999.

1.4. A casa dos seres pensantes

OBJETIVO

Refletir acerca das capacidades de pensar, decidir, agir e amar, que caracterizam o ser humano em relação aos outros seres vivos. Compreender a responsabilidade das pessoas para com o planeta e o sonho de transformar a Terra num lugar de vida e paz para todos.

A ILHA DE SÍNESIS

No mapa do mundo feliz, a ilha de Sínesis é banhada por quatro oceanos: o Pensamento, o Palavra, o Comunicação e o Amizade.

Os habitantes de Sínesis são os únicos seres capazes de pensar e formar opinião a respeito de tudo o que existe. As ideias são expressas pela palavra, pois eles também têm o privilégio de falar e comunicar uns aos outros o próprio pensamento.

Em Sínesis, as pessoas são amigas e se reúnem para pensar e decidir juntas o que é melhor para todas. Os outros seres vivos da ilha, os animais e as plantas, também são felizes. O povo de Sínesis sabe que é responsável por esses seres que não pensam nem tomam decisões, mas têm direito de viver em paz, sem ameaças nem perigos.

A vida na ilha é de comunicação, amizade e alegria. O povo pensante conhece sua responsabilidade pelo equilíbrio e pela proteção do maravilhoso mundo de Sínesis.

CÍRCULO DE INICIAÇÃO

No grupo, você pode criar um desenho coletivo que represente uma cena da ilha de Sínesis.

Depois, pode passar o desenho para outro grupo.

Seu grupo receberá o desenho feito por colegas e criará uma história que explique a cena desenhada.

ENIGMA

O que é algo que representa e faz lembrar outra coisa?

R.: Concordo, com acento agudo na vogal (1) + Melhor item da festa (2)

O número entre parênteses indica o número de sílabas que você deve escrever para formar a pala-vra-resposta. Para descobrir as respostas, consulte o "chaveiro dos enigmas", no fim do livro.

TRILHA DA SABEDORIA

Você pode pesquisar o significado das palavras "pensar", "decidir", "amizade" e "responsabilidade" e incluí-las no dicionário sagrado da turma.

MENSAGEM DA SEMANA

DECLARAÇÃO UNIVERSAL DOS DIREITOS DOS ANIMAIS

1. Todos os animais têm o mesmo direito à vida.
2. Todos os animais têm direito ao respeito, à atenção, aos cuidados e à proteção do ser humano.
3. Nenhum animal deve ser maltratado.
4. Todos os animais selvagens têm o direito de viver livres no seu habitat e de se reproduzir.
5. Todo os animais têm direito de crescer no ritmo e nas condições próprias de sua espécie.
6. O animal que o ser humano escolher para companheiro tem direito a viver conforme sua longevidade natural e não deve nunca ser abandonado.
7. Todo o animal de trabalho tem direito a limites razoáveis de duração e de intensidade de trabalho, a alimentação reparadora e a repouso.

8. Nenhum animal deve ser usado em qualquer tipo de experiência que lhe cause dor.
9. Quando o animal é criado para alimentação, ele deve de ser alimentado, alojado, transportado e morto sem ansiedade nem dor.
10. Nenhum animal deve de ser explorado em exibições ou espetáculos para divertimento do ser humano.
11. Todo ato que põe em risco a vida de um animal é um crime contra a vida.
12. Todo ato que implique a morte de grande número de animais, tais como a poluição e a destruição do meio ambiente, são considerados crimes.
13. Os animais mortos devem ser tratados com respeito e as cenas de violência contra eles no cinema e na televisão não devem ser veiculadas.
14. As organizações de proteção dos animais devem ter representação governamental e os diretos dos animais devem ser defendidos por lei.

Texto original disponível em: <http://www.apasfa.org/leis/declaracao.shtml>.

UNIDADE 2

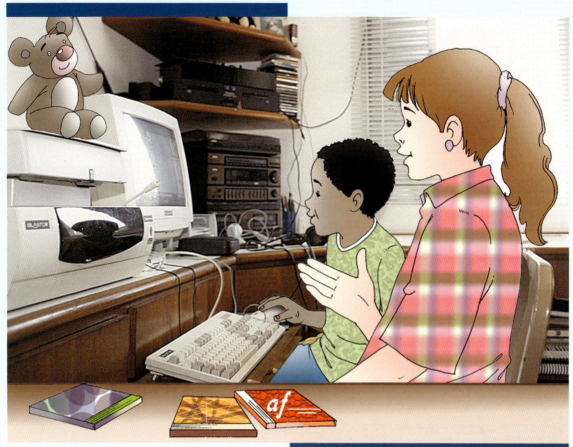

O diálogo de todas as coisas

Objetivo Conhecer as origens e a dimensão sagrada da comunicação humana. Compreender a importância de códigos e critérios para a comunicação entre diferentes e a convivência com a diversidade.

2.1. Iniciados na comunicação sagrada

OBJETIVO

Descobrir as primeiras expressões da consciência religiosa, presentes na comunicação escrita e nos sinais do sagrado na cultura.

DE VOLTA AO PASSADO

Imagine que você encontrou uma máquina do tempo e voltou à Pré-História, onde viveram nossos ancestrais.

Ao entrar em uma caverna você teve boa acolhida do clã e do xamã. As pessoas falavam uma língua primitiva, de sons parecidos com os da natureza. Você não entendeu nada, mas não teve medo, porque sentiu que estava entre seres humanos. O xamã convidou-o para ir a um lugar sagrado, no fundo da caverna. Ninguém mais entrou no local, só você e ele.

A parede daquele lugar era recoberta de desenhos que representavam a vida do clã. Cenas de caçadas e o nascimento de um bebê foram as que mais o impressionaram.

Você compreendeu que as gravuras na rocha eram formas de comunicação entre o clã e os espíritos protetores nos quais nossos ancestrais acreditaram.

Ao voltar da viagem, você desligou a máquina e refletiu. A conclusão da aventura foi: "Desde o começo da humanidade existiu a comunicação sagrada".

CÍRCULO DE INICIAÇÃO

Você sabia que todas as tradições religiosas, em todos os tempos, tiveram locais sagrados de comunicação com o mundo transcendente?

Em sua opinião, temos em nossa cultura locais e fatos que mostram a comunicação sagrada?

ENIGMA

Como se chama o processo de transmissão de ideias e conhecimentos?

R.: Acompanhado de (1) + Não deixei separado (2) + Espécie de peixe do mar (2)

O número entre parênteses indica o número de sílabas que você deve escrever para formar a palavra-resposta. Para descobrir as respostas, consulte o "chaveiro dos enigmas", no fim do livro.

TRILHA DA SABEDORIA

Você pode pesquisar o significado das palavras "transcendente", "xamã" e "clã" e incluí-las no dicionário sagrado da turma.

MENSAGEM DA SEMANA

SABEDORIA INDIANA

Aproxima-te da aurora
Para ti nascerá o sol
Aproxima-te da noite
Para ti brilharão as estrelas

Aproxima-te do riacho
Para ti cantará o sabiá
Aproxima-te do silêncio
Encontrarás Deus

L. Vahira. *O pescador de pérolas.*
São Paulo, Paulinas, 1988. p. 10.

2.2. A sagrada voz da natureza

OBJETIVO

Compreender a origem das linguagens nas capacidades humanas de pensar, refletir, concluir e comunicar. Verificar que as primeiras intuições do ser humano se referiram à existência do sagrado.

O DIÁLOGO DE TODAS AS COISAS

Na Pré-História ainda não existiam cidades nem a linguagem escrita, mas as pessoas eram inteligentes e sensíveis. Ouviam os sons da natureza, como o silvar do vento, os gritos dos animais, o ritmo da chuva nas folhas das árvores, o borbulhar do riacho, o som da onda do mar, o cantar dos pássaros, o crepitar do fogo, e procuravam imitar. Começaram assim a organizar a linguagem.

Cada palavra era conservada como o mais precioso tesouro. E quem conhecia as palavras sagradas era considerado sábio, porque podia conversar com os espíritos da natureza e atrair proteção para o clã.

Até hoje as tradições religiosas guardam o tesouro da palavra. Algumas a conservam na forma oral e a ensinam de geração em geração. Outras a conservam nos escritos sagrados.

CÍRCULO DE INICIAÇÃO

Você sabia que todas as tradições religiosas têm palavras sagradas?

Sabia também que as palavras sagradas são usadas na comunicação com Deus?

Com o grupo, você pode montar figuras com a técnica de mosaico. Assim entenderá como se formaram as tradições religiosas.

ENIGMA

O alfabeto Morse comunica letras por meio do som. O traço significa som longo, e o ponto, som rápido. Juntando as letras, é possível decifrar a mensagem.

A . –	B – ...	C – . – .	D – ..
E . – – –	F .. – .	G – – .	H ....
I ..	J . – – –	K – . –	L . – ..
M – –	N – .	O – – –	P . – – .
Q – – . –	R . – .	S ...	T –
U .. –	V ... –	W . – –	X – .. –
Y – . – –	Z – – ..	CH – – – –	NH – – . – –

Veja como se escreve "Deus" em Morse: – ..   . – – –   .. –   ...

Você pode comparar os dois alfabetos e escrever outras palavras em Morse.

TRILHA DA SABEDORIA

Você pode pesquisar o significado das palavras "sensível" e "comunicação" e incluí-las no dicionário sagrado da turma.

MENSAGEM DA SEMANA

PALAVRAS QUE NÃO PASSAM

Foi teu coração que me ensinou
Palavras que não passam
No teu coração coloquei o meu
Minha religião vem de ouvir teu coração

Foi teu coração que me ensinou
A fazer da vida uma esperança só
Sei que aprenderei, se te ouvir falar
Não me perderei, se te ouvir com atenção

Palavras que não passam
Palavras que libertam
Palavra poderosa tem teu coração
Palavra por palavra, revelas o infinito
Como é bonito ouvir teu coração

Pe. Zezinho. CD *Alpendres, varandas e lareiras*. v. 2.
Paulinas/COMEP, 1999.

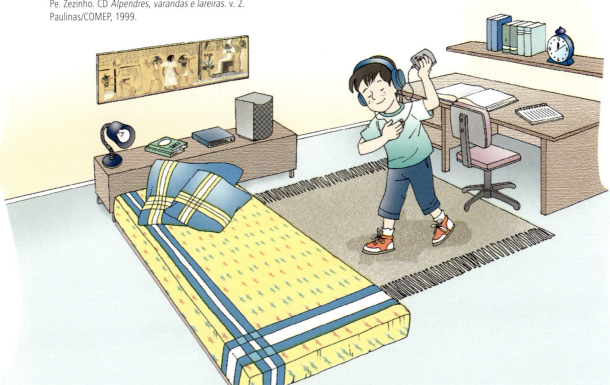

2.3. Conversa ao redor da fogueira

OBJETIVO

Conhecer o valor da oralidade na experiência do sagrado e na identidade cultural das pessoas e dos grupos.

A HERANÇA DA PALAVRA

Nasci em uma aldeia e pertenço a uma das quase 220 nações indígenas do Brasil. Os estudiosos dizem que nossos povos vivem aqui há mais de 40 mil anos.

Na escola da aldeia, não conhecemos só a nossa cultura. Descobrimos também os costumes do povo brasileiro que vive nas cidades. Aprendemos, por exemplo, que os pais deixam heranças para os filhos, mas são diferentes das nossas: deixam terra, casas, carro, dinheiro no banco e outros bens.

Não compreendo por que os bens materiais são tidos como herança. Em minha cultura, a herança é algo que não se toca com as mãos. É como o espírito do povo que passa de pais para filhos, por meio da palavra. Nossa herança chama-se *tradição oral*. Mas não são palavras sem significado. São palavras sagradas e sábias que nos colocam em comunicação com os espíritos dos antepassados.

Os adultos reúnem as crianças ao redor da fogueira ou na casa das cerimônias religiosas. Aí, contam o que ouviram de seus pais e avós: mitos, lendas e histórias que ajudam a explicar a existência do mundo e os sinais do sagrado em tudo o que existe. Contam-nos também o segredo de cumprir bem as tarefas necessárias para sobreviver: os rituais religiosos, o código de convivência da aldeia e tudo o que faz parte da sabedoria indígena.

Por muitos anos, desde a colonização, os povos indígenas do Brasil têm sido atacados, expulsos da terra e dizimados. Manter a nossa cultura é uma de nossas formas de resistência. Se não existisse a herança da palavra que nos une aos antepassados, nenhuma aldeia indígena do Brasil teria sobrevivido até agora.

CÍRCULO DE INICIAÇÃO

Você sabia que a tradição oral é uma das formas mais antigas de comunicação? Quando ainda não existia a escrita, tudo era ensinado de pai para filho por meio de histórias, mitos, lendas, provérbios, fábulas e rimas. Assim, formou-se também a comunicação sagrada.

Imagine que você é pai ou mãe de você mesmo. Você está em uma reunião de pais e mães, na escola. Fale aos outros pais da herança que você quer deixar para seu filho ou sua filha.

No grupo, você pode conversar:

1. Em sua família, existe tradição oral?

2. Os adultos contam fatos interessantes para as crianças?

3. Os adultos transmitem os ensinamentos que aprenderam de seus pais e avós?

4. O que é preciso fazer para despertar o interesse dos adultos pela tradição oral?

ENIGMA

Agrupar ou promover o encontro entre as pessoas é o mesmo que...

R.: Segunda nota musical, sem o acento agudo (1) + Não dispersar (2)

O número entre parênteses indica o número de sílabas que você deve escrever para formar a palavra-resposta. Para descobrir as respostas, consulte o "chaveiro dos enigmas", no fim do livro.

TRILHA DA SABEDORIA

Você pode pesquisar o significado da expressão "tradição oral" e incluí-la no dicionário sagrado da turma.

MENSAGEM DA SEMANA

ALPENDRES, VARANDAS E LAREIRAS

Alpendres, varandas e lareiras
Era ali que antigamente os pais ficavam
E os vizinhos visitavam
E as famílias conversavam
E as crianças a brincar

Era um tempo em que as famílias tinham tempo
Era ali que antigamente os pais sonhavam
E os compadres passeavam
E as mulheres tricotavam
E as crianças a brincar

Eu não sou contra o progresso
Deus sabe que eu não sou
Mas eu acho que a família se deu mal
Ao trocar suas conversas de vizinho
E de lareira
Por novelas e conversas
E a violência na TV

Pe. Zezinho. CD *Alpendres, varandas e lareiras*. v. 1.
Paulinas/COMEP, 1999.

2.4. O código de Filipe

> **OBJETIVO**
>
> Compreender a importância de códigos que favoreçam a comunicação, a convivência e a felicidade de todos.

COMUNICAÇÃO ESPECIAL

Até pouco tempo eu considerava impossível viver sem ouvir os sons e a voz das pessoas. Um dia, porém, mudou-se para perto de minha casa um menino que se comunica de modo especial. Ele se chama Filipe e hoje é meu melhor amigo. Ele é surdo, isto é, tem deficiência auditiva.

Convivo com Filipe há alguns meses. Ele me entende, porque observa o movimento de meus lábios. E eu já decifro a maioria das palavras em libras, a língua brasileira de sinais, que ele está me ensinando. É um código de comunicação feito com as mãos. Cada posição dos dedos corresponde a uma letra do alfabeto.

Não entendo nada quando meu amigo conversa com seus colegas surdos. Eles se comunicam rapidamente e eu não consigo identificar as letras e juntá-las para formar a palavra, mas, com a prática, vou conseguir.

Desde que conheci Filipe, entendi que a comunicação de uma pessoa que não ouve requer inteligência, habilidade e concentração. E isso ele tem de sobra.

CÍRCULO DE INICIAÇÃO

Você sabia que todos os grupos humanos têm códigos de comunicação?

E que há também códigos de convivência?

Um exemplo é a Declaração Universal dos Direitos da Criança.

A convivência feliz é resultado do respeito às diferenças de cada pessoa.

Em sua opinião, existe um código de convivência na classe do quarto ano?

No grupo, procure conversar a esse respeito e escrever, em forma de código, tudo o que acontece ou deveria acontecer de bom na sala de aula.

ENIGMA

Aqui está representado o código da linguagem brasileira de sinais, a libras. Com as mãos, você pode fazer os sinais e conversar com quem conhece o código.

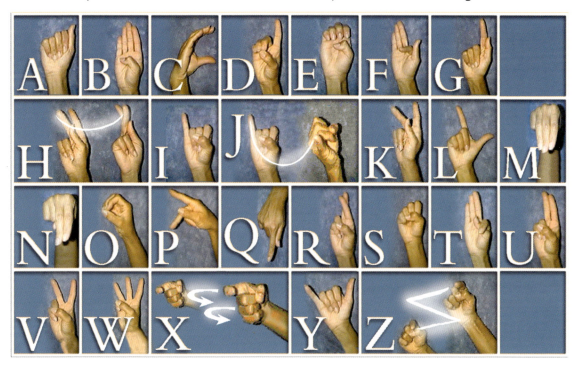

O diálogo de todas as coisas **Unidade 2** | 35

TRILHA DA SABEDORIA

Você pode pesquisar o significado da palavra "código" e incluí-la no dicionário sagrado da turma.

MENSAGEM DA SEMANA

DECLARAÇÃO UNIVERSAL DOS DIREITOS DA CRIANÇA

1. A criança tem direito à igualdade, sem distinção de raça, religião ou nacionalidade.
2. A criança tem direito à especial proteção para o seu desenvolvimento físico, mental e social.
3. A criança tem direito a um nome e a uma nacionalidade.
4. A criança tem direito à alimentação, moradia e assistência médica adequadas, para si e para a sua mãe.
5. A criança com deficiência física ou mental tem direito à educação e a cuidados especiais.
6. A criança tem direito ao amor e à compreensão por parte dos pais e da sociedade.
7. A criança tem direito à educação gratuita e ao lazer.
8. A criança tem direito a ser socorrida em primeiro lugar em qualquer circunstância.
9. A criança tem direito a ser protegida contra o abandono e a exploração no trabalho.
10. A criança tem direito a crescer dentro de um espírito de solidariedade, compreensão, amizade e justiça entre os povos.

Declaração aprovada pela ONU, em 20/11/1959.

O diálogo de todas as coisas **Unidade 2** | 37

UNIDADE 3

O caminho dos textos sagrados

Objetivo Compreender a origem e a importância dos textos sagrados das tradições religiosas, como depositários de significados para a vida.

3.1. A floresta de pedra

OBJETIVO

Conhecer a primeira utilidade que teve a escrita: comunicar a ideia e a experiência do sagrado.

VIAJANDO NO TEMPO

Júlia e Pedro conectaram-se à internet. Os dois são internautas experientes e resolveram fazer a mais fascinante viagem virtual de suas vidas.

Acessaram um site interativo e foram ao Egito antigo. Passaram por um portal, e uma imponente cidade do passado ocupou a tela do computador. Ao entrar em um templo, os dois irmãos tiveram a sensação de estar em uma floresta escura. As grandes colunas de pedra eram semelhantes a imensos troncos de árvore. Mas, o que parecia ser a casca rugosa de uma árvore eram sinais de escrita talhados na pedra: uma combinação de figuras e de símbolos.

Os internautas observavam atentos aqueles hieróglifos, quando um sacerdote do templo se aproximou.

– O que significam esses sinais, caro ancião? – perguntou Júlia, um pouco temerosa pela solenidade do lugar.

– É a escrita dos deuses, minha filha – respondeu o sacerdote egípcio.

– E o que comunicam? – perguntou Pedro, admirado de estar entendendo a linguagem de uma personagem tão distante dele no tempo.

– A mensagem dos deuses sobre a sabedoria da vida e o mistério que existe após a morte – concluiu o sacerdote, em uma atitude de reverência.

Depois o ancião retirou-se, no mesmo silêncio em que chegou. As crianças entreolharam-se e se entenderam sem nada dizer. Desconectaram-se do site, desligaram o computador, voltaram ao século XXI e foram brincar no quintal, mas por estranho que fosse nenhum dos dois sentiu vontade de falar. Preferiram andar de bicicleta em silêncio, enquanto ainda ouviam no imaginário do coração a voz sagrada de um sacerdote egípcio que viveu há mais de três mil anos.

CÍRCULO DE INICIAÇÃO

Você sabia que a escrita surgiu quando as pessoas deixaram de desenhar o que viam e passaram a usar sinais simbólicos para as palavras?

Sabia que os povos antigos tinham a escrita como linguagem de deuses?

ENIGMA

Veja estes símbolos utilizados há mais de cinco mil anos pelos povos da Mesopotâmia.

Que tal criar um dicionário da vida moderna? Invente novos símbolos para objetos que não existiam na Mesopotâmia e desafie os amigos a decifrarem.

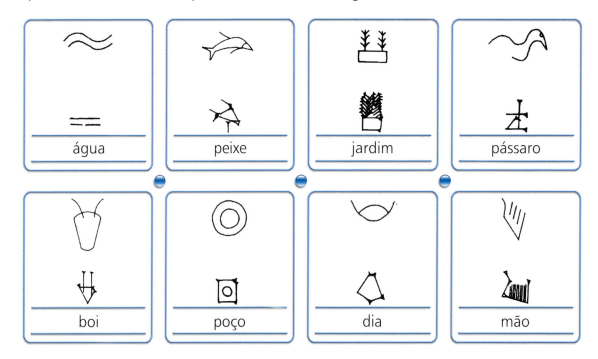

TRILHA DA SABEDORIA

Você pode pesquisar o significado das palavras "templo", "sacerdote", "reverência" e "hieróglifo" e incluí-las no dicionário sagrado da turma.

MENSAGEM DA SEMANA

IGUAIS

Tenho irmãos, tenho irmãs aos milhões
Em outras tradições religiosas

Pensamos diferente, oramos diferente
Louvamos diferente, mas numa coisa nós somos iguais
Buscamos o mesmo Deus, amamos o mesmo Pai
Queremos o mesmo céu, choramos os mesmos ais

Falamos diferente, cantamos diferente
Pregamos diferente, mas numa coisa nós somos iguais
Buscamos o mesmo amor, queremos a mesma luz
Sofremos a mesma dor, levamos a mesma cruz

Um dia talvez quem sabe, um dia talvez quem sabe
Um dia talvez quem sabe descobriremos
Que somos iguais
Irmão vai ouvir irmão e todos se abraçarão
Nos braços do mesmo Deus
Nos ombros do mesmo Pai

Pe. Zezinho. CD *Aprendiz*.
Paulinas/COMEP, 1998.

3.2. A grande biblioteca

> **OBJETIVO**
>
> Perceber a variedade da escrita sagrada e sua influência na evolução das culturas dos povos.

À PROCURA DE TEXTOS SAGRADOS

Vitória foi passar o fim de semana na casa de sua melhor amiga, Gisele.

Gisele mostrou a Vitória seus livros do quarto ano, pois as duas estudam em escolas diferentes. Os livros despertaram a seguinte conversa:

44 | **Somos capazes de comunicar** Livro do aluno

– Vi, você sabia que no mundo existem muitos alfabetos diferentes do nosso?

– Claro, Gi! Na aula de Ensino Religioso eu aprendi que a maioria dos escritos antigos era relacionada à crença em Deus. Por isso são escritos sagrados.

– Então, as pessoas comunicavam por escrito a ideia que tinham de Deus?

– Isso mesmo. E os livros sagrados das tradições religiosas existem até hoje.

– Que legal, né, Vi?! Vamos pesquisar na internet e descobrir mais?

– Grande ideia!

Vitória e Gisele conectaram-se à internet e acharam alfabetos de vários países. Copiaram a palavra "Deus" em diversas línguas e distribuíram aos colegas de turma, cada uma em sua respectiva escola. Foi uma tremenda descoberta!

CÍRCULO DE INICIAÇÃO

Você já viu algum texto sagrado em revistas, na internet ou em enciclopédias?

Sabia que muitas pessoas passam a vida inteira estudando os livros sagrados de suas tradições religiosas?

Você conhece alguma história que esteja escrita em um livro sagrado?

ENIGMA

A palavra "Deus" se escreve de numerosas formas, em muitos alfabetos diferentes. Descubra em quais línguas ela está escrita em cada quadro.

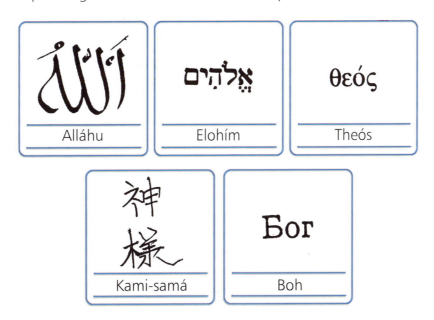

O caminho dos textos sagrados **Unidade 3** | 45

TRILHA DA SABEDORIA

Você pode pesquisar o significado das palavras "civilização", "crença" e "livros sagrados" e incluí-las no dicionário sagrado da turma.

MENSAGEM DA SEMANA

SE A GENTE CRÊ

Se a gente crê que além do horizonte
Há muito mais que o que se viu até aqui
Se a gente crê que uma pequena fonte
Tem muito mais, tem muito mais dentro de si
Se a gente pode acreditar que existe mais
A gente pode acreditar em ti

Se a gente crê que um universo incrível
Esconde mais que o que se pode imaginar
Se a gente crê na estrela invisível
E crê que os astros têm histórias pra contar
Se posso crer naquela estrela que eu nem vi
Eu também posso acreditar em ti

Se a gente aceita tantas teorias
Suposições de quem procura explicação
Se a gente aceita mil filosofias
E corre atrás da mais recente solução
Se posso crer na honestidade dos ateus
Eu também posso acreditar em Deus

Pe. Zezinho. CD *Canções para quem não reza*.
Paulinas/COMEP, 1998.

3.3. O caminho dos sábios

OBJETIVO

Compreender que as pessoas procuram nos ensinamentos sagrados os significados para a vida.

O PORTAL DE PASSAGEM

Meu amigo Roberto Yamada saiu da escola. Foi com os pais para o Japão. É o país de onde vieram seus bisavós.

No Japão, Roberto entrou em outra escola e está se adaptando aos novos amigos, à professora e à língua, que é tão diferente da nossa. Ele me conta, pela internet, as coisas interessantes que acontecem lá.

Em um dia festivo da religião Xintoísta, a turma de Roberto fez uma visita cultural a um templo da cidade. A professora dele explicou que a palavra *xinto*, em japonês, significa "o caminho".

Eu respondi à mensagem de meu amigo e perguntei o que é esse caminho. Roberto ainda não estava muito seguro da resposta e me pediu um tempo para pesquisar. Conversou com pessoas xintoístas e descobriu o significado: o caminho é o ensinamento para uma vida sábia, de amor, justiça, paz, solidariedade, paciência, bondade, reverência e oração.

CÍRCULO DE INICIAÇÃO

Que tal fazer um passeio cultural com a turma até um lugar sagrado?

Você sabia que as tradições religiosas são como caminhos que conduzem as pessoas para a meta na qual elas acreditam?

Pesquise acerca da religião de sua família e descubra se ela também pode ser comparada a um caminho que leva a uma meta.

ENIGMA

Percorrer uma distância para se chegar a algum lugar, seguir uma orientação, é o mesmo que...

R.: Escrivão da armada de Cabral, sem o último a (3) + Combustível do pulmão (1)

O número entre parênteses indica o número de sílabas que você deve escrever para formar a palavra-resposta. Para descobrir as respostas, consulte o "chaveiro dos enigmas", no fim do livro.

TRILHA DA SABEDORIA

Você pode pesquisar o significado das palavras "caminho" e "Xintoísmo" para incluí-las no dicionário sagrado da turma.

MENSAGEM DA SEMANA

NOS CAMPOS DO MUNDO

Não somos feitos para ficar
E sim para partir e caminhar

Que a nova aurora em seu nascente
De luz e de esplendor
Não nos encontre no poente
Do dia anterior

Não fomos feitos para ficar
E sim para partir e caminhar

Nada segure os passos
Dos que foram chamados para andar
Nada amarre as asas
Dos que foram chamados a voar

Somos sementes do amor mais profundo
Existe em todos nós o sonho libertador
Deus nos espalha nos campos do mundo
Pra sermos um sinal de seu poder criador

Em cada gesto que a gente faz
A história vai ficando para trás
E como o pássaro não torna
Ao ninho onde nasceu
Também a gente não retorna
Ao tempo que viveu
Em cada gesto que a gente faz
A história vai ficando para trás

José Acácio Santana. *Gaivota, o voo da vida.*
Paulinas/COMEP, 1999.

3.4. A escola dominical

OBJETIVO

Compreender a atualidade dos textos sagrados e a prática das tradições religiosas de ensiná-los às crianças.

A CORRIDA DE RAQUEL

A escola dominical de minha igreja estava em festa. A dirigente ensaiou uma bela canção bíblica, para receber os alunos novos que chegavam naquele começo de ano.

A canção se dirigia a Deus com palavras do Salmo 119: "Percorro o caminho de teus mandamentos, pois libertaste meu coração".

Enquanto cantávamos, entrou Raquel, na cadeira de rodas, acompanhada pelo seu irmão Elias.

Vi as pernas de Raquel atrofiadas e sem forças. Pernas que não caminham. Tive vontade de chorar, mas fiquei firme, para não desafinar o coral.

Depois do canto e dos abraços de boas-vindas, começamos a nos apresentar. Quando a dirigente deu a palavra a Raquel, todos ficaram na expectativa. Depois que ela se apresentou, alguém fez uma pergunta:

– Raquel, você não sente vontade de andar e correr, como todos nós?

– Sinto – respondeu ela –, e nessas horas corro com o pensamento e o coração. Vou até o fim da Terra. Vejo todas as pessoas que vivem no mundo. Oro por elas e digo a Deus que elas precisam do cuidado e da proteção dele.

– Então você conversa muito com Deus? Por isso você se sente feliz, mesmo sem poder andar nem correr?

– Sim. Caminho e corro com o coração. Ele não está preso à cadeira de rodas.

Quando Raquel acabou de falar, vi muitas crianças com lágrimas nos olhos, como eu. Entendi o que quer dizer: "Percorro o caminho de teus mandamentos, pois libertaste meu coração".

CÍRCULO DE INICIAÇÃO

Com a turma, você pode participar da corrida com obstáculos.

Depois, com o grupo, pode expor sua opinião a respeito:

- dos obstáculos que você encontra em seu caminho;
- dos obstáculos que você evita colocar no caminho de seus amigos ou suas amigas;
- o que significa "correr com o coração".

ENIGMA

Qual é o órgão do corpo humano que guarda as emoções e o afeto?

R.: Presente no preto e na luz (1) + Comando do diretor para começar a filmagem de uma cena (2)

O número entre parênteses indica o número de sílabas que você deve escrever para formar a palavra-resposta. Para descobrir as respostas, consulte o "chaveiro dos enigmas", no fim do livro.

TRILHA DA SABEDORIA

Você pode pesquisar o significado das palavras "libertar", "escola dominical", "salmo", "mandamento", "decretos" e "vereda" e incluí-las no dicionário sagrado da turma.

MENSAGEM DA SEMANA

PRECE DO POVO JUDEU

Percorro o caminho de teus mandamentos
Pois libertaste meu coração

Ensina-me, ó Senhor, o caminho de teus decretos
Então os guardarei até o fim

Dá-me entendimento e guardarei a tua Lei
E observá-la-ei de todo o meu coração

Faze-me andar na vereda de teus mandamentos
Pois neles encontro prazer

Inclina meu coração a teus estatutos
E não à cobiça

Desvia meus olhos de contemplarem a vaidade
Preserva minha vida segundo a tua Palavra

Salmo 119,32-37. *Bíblia Sagrada*. Edição contemporânea Almeida. 8. ed. São Paulo: Vida, 2001.

UNIDADE 4

A procura da comunicação sagrada

Objetivo Compreender as tradições religiosas como motivadoras de decisões, de atitudes e de ritos significativos na vida.

4.1. Saudação ao Sol

OBJETIVO

Refletir acerca dos gestos sagrados. Conhecer uma das características do Hinduísmo: a concentração e a reverência à natureza como sinal da presença de Deus.

UMA ESCOLA NA ÍNDIA

Minha escola é municipal. Somos 35 estudantes no 4º ano B. A professora e nós desenvolvemos um projeto genial na aula de Ensino Religioso. Conseguimos endereços e mandamos mensagens por internet para crianças de nossa idade que estudam em escolas de outros países.

A professora de inglês ajudou na tradução do texto da carta para uma escola da Índia e a turma de lá respondeu imediatamente. Entre vários relatos interessantes, as crianças indianas nos explicaram um ritual religioso que praticam na escola todas as manhãs. É o *Surya namaskar*. Esta é a língua sânscrita, dos escritos sagrados indianos, e quer dizer "Saudação ao Sol".

A prece matinal indiana despertou nosso interesse de pesquisar a respeito do Hinduísmo. Descobrimos que a palavra *hindu* quer dizer "distante da violência". A maioria dos hindus segue o ensinamento dos *Vedas*, os mais antigos textos sagrados escritos da humanidade. Eles ensinam que a vida é um caminho de compaixão e respeito por todos os seres vivos.

O Sol é um dos principais símbolos do Criador na religião da Índia; por isso, a saudação ao Sol é, na verdade, dirigida ao deus Brahma.

Nossos amigos nos ensinaram saudações em sânscrito, acompanhadas de gestos.

1. *Om mitraya namah* – Oh, amigo de todos!
2. *Om mareechaye namah* – Oh, senhor da manhã!
3. *Om svitre namah* – Oh, mãe benevolente!
4. *Om bhaskaraya namah* – Oh, iluminador!

CÍRCULO DE INICIAÇÃO

Você sabia que em todas as tradições religiosas as pessoas procuram se comunicar com Deus por meio da concentração e dos gestos?

Na religião de sua família existem gestos que acompanham as orações?

Em sua opinião, o que eles significam?

ENIGMA

Como se chama o diálogo com Deus?

R.: 15ª letra do alfabeto (1) + Comida que se dá a animais (2)

O número entre parênteses indica o número de sílabas que você deve escrever para formar a palavra-resposta. Para descobrir as respostas, consulte o "chaveiro dos enigmas", no fim do livro.

TRILHA DA SABEDORIA

Você pode pesquisar o significado das palavras "benevolente", "iluminador", "prece" e "compaixão", e incluí-las no dicionário sagrado da turma.

MENSAGEM DA SEMANA

AO ROMPER DO DIA

Ao romper do dia, ó Senhor da vida,
Me apresentarei a ti
Juntando as mãos, ó Deus da Terra,
Me apresentarei a ti

Na imensidão do céu
Na intimidade do silêncio
Na simplicidade do coração
Com lágrimas nos olhos
Me apresentarei a ti

Na vastidão do universo
No mar imenso do trabalho
Perdido na multidão
Me apresentarei a ti

Na minha vida
Ao término de meus dias
Ó Senhor dos Senhores
Em silêncio
Me apresentarei a ti

Rabindranath Tagore, poeta indiano (1861-1941).

4.2. O encontro na praia

> **OBJETIVO**

Compreender a importância do diálogo na família. Conhecer características da religião judaica.

MINHA MÃE VAI ACENDER AS VELAS

Nas férias deste ano, conheci meu amigo Samuel. Foi numa sexta-feira à tarde. Eu estava jogando futebol na praia com outros amigos, quando ele chegou. Convidamos Samuel a participar. Ele entrou no campo e deu um "olé" com a bola.

De repente, Samuel olhou para o sol que desaparecia, disse que precisava ir e saiu correndo. Nós o chamamos de volta, mas ele se virou e gritou: "Preciso me preparar. Minha mãe vai acender as velas".

No sábado voltamos a jogar, mas Samuel não apareceu. Só no domingo ele voltou, alegre e bem-humorado, querendo entrar no time. Mas nós estávamos cansados de jogar e nos sentamos na areia. Ele entrou na roda e iniciou a conversa:

– Ei, não vão jogar mais?

– Estamos descansando para recomeçar. Mas você não vai abandonar a partida pela metade, como na sexta-feira, não é?

– Desculpem, não tive tempo de explicar. Olhei para o sol e vi que estava atrasado para tomar banho e preparar-me para a ceia do *shabat*.

– O que é o *shabat*?

– É a festa semanal das famílias judaicas. Oramos na sinagoga, fazemos refeições festivas, os adultos da família abençoam as crianças, brincam, cantam e contam histórias. É o dia de repouso, alegria e estudo da *Torá*, o livro sagrado do Judaísmo.

– Então é este o significado da palavra sábado ou *shabat*?

– Sim. É o repouso e a gratidão pela bondade de Deus e pelo amor da família.

– Mas aquele dia era sexta-feira!

– Na religião judaica, depois do pôr do sol começa o dia seguinte. Assim pensavam nossos antepassados, e nós, para honrá-los, conservamos essa tradição sagrada.

– E por que sua mãe acende velas?

– Ela acende duas velas na mesa de jantar: uma para mim e outra para minha irmãzinha. É um símbolo usado pelas mães judias. Assim, elas apresentam os filhos a Deus e rezam por eles. Pedem que por toda a vida possam continuar celebrando o *shabat*.

Quando Samuel acabou, outros garotos falaram dos costumes religiosos de suas famílias. Foi um papo tão legal que até nos esquecemos de jogar o segundo tempo da partida. Mas na segunda-feira recomeçamos. Afinal, todos nós estávamos de férias.

A procura da comunicação sagrada **Unidade 4**

CÍRCULO DE INICIAÇÃO

Você sabia que muitas famílias fazem festas de sua própria religião?

Em sua casa já foi feita alguma festa religiosa?

No grupo, você pode contar algum costume religioso de sua família. Caso não se lembre de nada, pode ouvir relatos de colegas.

ENIGMA

Qual o antônimo de trabalho?

R.: Segunda nota musical, sem o acento agudo (1) + Fim de uma viagem aérea (2)

O número entre parênteses indica o número de sílabas que você deve escrever para formar a palavra-resposta. Para descobrir as respostas, consulte o "chaveiro dos enigmas", no fim do livro.

TRILHA DA SABEDORIA

Você pode pesquisar o significado das palavras "shabat", "sinagoga", "Torá", "Judaísmo" e "abençoar" para incluí-las no dicionário sagrado da turma.

MENSAGEM DA SEMANA

BÊNÇÃO DO SHABAT

Ó Deus nosso e de nossos pais
Aceita nosso repouso
Santifica-nos com teus sábios preceitos
Desperta nosso interesse pela Torá
Cumula-nos de felicidade
Alegra-nos com tua salvação
E purifica nosso coração
Para te servir com sinceridade

Com teu amor, ó Deus,
Faze com que gozemos
O teu santo shabat
E que todo o teu povo
dele desfrute em paz

Bendito sejas, ó Eterno,
Que santificas o shabat

Trecho de uma oração rezada todos os sábados, nas sinagogas.

4.3. A voz de Deus no coração

OBJETIVO

Constatar a presença, no Brasil, de tradições religiosas vindas de várias regiões do mundo. Perceber que as tradições religiosas representam a procura do sagrado, cada uma em sua cultura. Conhecer uma característica do Islamismo: o amor a Deus em todos os atos da vida cotidiana.

A PESQUISA

As maiores cidades do Brasil são semelhantes a minimundos. Na maioria delas, habitam pessoas vindas de muitas nações e com diferentes tradições religiosas.

Minha prima Eliana vive em uma cidade grande. A aula de Ensino Religioso na escola dela é superlegal. A turma visita templos, igrejas e centros de várias tradições religiosas. Um dia ela me telefonou para contar que havia visitado uma mesquita.

Falei na sala de aula a respeito do que minha prima me contara. A professora e nós chegamos a uma conclusão: nossa cidade é pequena e não tem essa diversidade de locais sagrados para se visitar. Então, resolvemos pesquisar em livros e na internet. E assim fizemos.

Organizamos grupos e pesquisamos. Meu grupo ficou com o Islamismo. Vimos fotografias de belas mesquitas onde os muçulmanos rezam em comunidade. Descobrimos também ensinamentos do *Corão*, o livro sagrado do Islamismo, e que a palavra *Islã* significa "submissão", isto é, realizar com amor aquilo que Deus pede a cada pessoa.

O *Corão* dá muitos nomes carinhosos a Deus. Entre eles, o que mais apreciei foi *Alwadudu*. Significa o Amoroso, o Afetuoso. É assim que eu imagino Deus.

CÍRCULO DE INICIAÇÃO

Você sabia que no Brasil vivem pessoas de quase todas as nações do mundo? E que essas pessoas trouxeram diferentes tradições religiosas?

No grupo, você pode conversar a respeito das pessoas de outras nações, de imigrantes que você conhece pessoalmente ou por meio da TV, de revistas ou de livros.

ENIGMA

A quem se referem os títulos islâmicos?

R.: Despedida sentimental (2)

O número entre parênteses indica o número de sílabas que você deve escrever para formar a palavra-resposta. Para descobrir as respostas, consulte o "chaveiro dos enigmas", no fim do livro.

TRILHA DA SABEDORIA

Você pode pesquisar o significado das palavras "tradição religiosa", "místicos", "Islamismo", "concentração", "Corão" ou "Alcorão", "compassivo" e "guia" e incluí-las no dicionário sagrado da turma.

MENSAGEM DA SEMANA

CORAÇÃO SERENO

Dá-me um coração sereno, dá-me um coração amigo
Grande, mas também pequeno, dá-me um coração irmão
Dá-me um coração sensato, dá-me um coração inquieto
Dá-me um coração fiel, dá-me um novo coração

Quero tanto aprender junto ao teu coração
Quero amar e conhecer, conhecer teu coração
Dá-me um coração humilde, dá-me um coração aberto
Dá-me um coração bonito, dá-me um coração capaz

Dá-me um coração sincero
Meigo, mas também sem medo
Dá-me um coração feliz
Dá-me um coração em paz

Pe. Zezinho. CD *Canções para quem não reza.*
Paulinas/COMEP, 1998.

4.4. A trilha para Jerusalém

OBJETIVO

Perceber elementos dos textos sagrados interagindo com situações atuais. Conhecer algumas características do Cristianismo.

DEUS, O GAROTO E OS LIVROS SAGRADOS

Conta um texto bíblico que, quando era garoto, Jesus Cristo morava na cidade de Nazaré, na Palestina. Todos os anos, ia com os pais até a cidade de Jerusalém para a festa judaica da Páscoa.

Certa vez, Jesus ficou no Templo de Jerusalém conversando com os mestres e sábios a respeito de Deus e dos escritos sagrados da religião judaica. Os pais dele pensaram que estivesse perdido na multidão e o procuraram por três dias. Ao encontrá-lo ficaram admirados, pois viram que os mestres estavam ouvindo com atenção o que o menino dizia.

Jesus, depois de adulto, tornou-se também um mestre e ensinava às pessoas o caminho para Deus. Mas nem todos concordaram com seu jeito de ensinar. Por isso, ele foi acusado, condenado e morto em Jerusalém.

Nos livros sagrados do Cristianismo, os Evangelhos, está escrito que Jesus voltou a viver após a morte, isto é, ressuscitou. Os discípulos e as discípulas dele, então, formaram as primeiras comunidades cristãs, que no começo se chamavam "O caminho".

CÍRCULO DE INICIAÇÃO

Você sabia que Jerusalém é uma cidade sagrada para muçulmanos, judeus e cristãos? Lá se encontram lugares e escritos sagrados das três tradições religiosas.

Jerusalém tem quase três mil anos de existência.

Quando Jesus Cristo ainda era criança, seus pais ficaram admirados ao verem-no conversar com os sábios no Templo de Jerusalém.

Você já fez algo que deixou os adultos admirados? Conte para a turma o que você fez.

Depois, com o grupo, divirta-se na trilha para Jerusalém.

ENIGMA

Os Evangelhos, livros sagrados do Cristianismo, foram escritos em língua grega.

Consulte as letras gregas da página 17 que correspondem ao nosso alfabeto e decifre esta frase do Evangelho, que está transliterada.

ει–λο νο τεμπλο, σενταδο εντρε οσ μεστρεσ (cf. Lucas 2,46).

TRILHA DA SABEDORIA

Você pode pesquisar o significado das palavras "Jerusalém", "Páscoa", "Evangelhos", "Cristianismo" e "ressuscitar" e incluí-las no dicionário sagrado da turma.

PASSATEMPO

Procure o garoto Jesus na trilha para Jerusalém:

- **Material:** um botão de cor diferente para cada jogador, uma caixinha pequena que contenha papéis com os números de 1 a 5.
- **Como jogar:** todos posicionam o botão na casa "saída"; cada participante retira um papel da caixa, mostra o número a todos e o devolve; avança em casas, na trilha, conforme o número que tirou; ao parar, lê a tarefa e vai para a casa indicada, mas não cumpre a tarefa seguinte; fica na casa até sua próxima vez de jogar. Vence quem chegar antes ao templo de Jerusalém.

MENSAGEM DA SEMANA

A CIDADE É MUITO GRANDE

A cidade é muito grande
Eu não sei o que pensar
Nasce o dia, morre o dia
Cai a tarde e vem a noite
E eu aqui a rezar

Neste mundo, nesta terra
Nesta era, nesta hora
Que fazer para poder
Justificar o meu viver?
Só responde o eco de um silêncio
E eu me lembro de rezar

Pe. Zezinho. CD *Alpendres, varandas e lareiras*. v. 1.
Paulinas/COMEP, 1999.

Chaveiro dos enigmas

USE ESTAS CHAVES PARA RESPONDER OS ENIGMAS E CRIAR NOVOS.

Acompanhado de = com

Agora = já

Apertado = nó

Barulho de fruta podre que cai da árvore = pof

Bezerro aprendendo a linguagem bovina = mé

Cacho de dedos = mão

Comando do diretor para começar a filmagem de uma cena = ação

Combustível do pulmão = ar

Comida que se dá a animais = ração

Concordo = sim

Carimbo de praia = pé

15ª letra do alfabeto = o

Despedida sentimental = adeus

Encaminhar-se = ir

Entrei no livro = li

Escrivão da armada de Cabral = Caminha (Pero Vaz de)

Espécie de peixe do mar = cação

Fim de uma viagem aérea = pouso

Função dos olhos = ver

Gostei da piada = ri

Grãos minúsculos de terra seca = pó

Interjeição de dor = ai

Medida do mar = milha

Melhor item da festa = bolo

Não deixei separado = uni

Não dispersar = unir

Notas musicais = 1ª: dó; 2ª: ré; 3ª: mi; 4ª: fá; 5ª: sol; 6ª: lá; 7ª: si

.... Cavalcanti, artista = Di

Olhei = vi

Ordem = vá

Palavra de cão = au

Pedido = dá

Pedido de socorro no mar = SOS

Presente no preto e na luz = cor

Primeiro som emitido por um carneirinho = bé

Resposta negativa = não

Segunda pessoa = tu

Sem companhia = só

Uma das ferramentas dos sete anões = pá

Glóssário

Abençoar – invocar proteção de Deus para alguém. Ação de Deus que protege e concede seu favor. As tradições religiosas têm modos próprios para invocar a bênção em diversas circunstâncias. Nos livros sagrados das tradições religiosas, há muitas narrativas de cenas em que as pessoas invocam a bênção de Deus.

Antepassados – as gerações passadas; em algumas tradições religiosas, os descendentes acreditam que os espíritos dos seus antepassados podem protegê-los, ajudá-los e guiá-los. Usa-se também a expressão para falar dos ancestrais dos seres humanos.

Benevolente – aquele que deseja o bem dos outros, que não julga, não condena, não castiga. Aplicada a Deus, a palavra traduz compreensão com as fraquezas humanas, perdão e justiça.

Budismo – doutrina e prática da tradição religiosa fundada no século VI a.C. por Siddharta Gautama, príncipe indiano que, ao chegar ao estado de iluminação e compreensão da vida humana e do transcendente, passou a ser chamado Buda, que significa "iluminado".

Clã – modelo de sociedade originado na Pré-História, organizado com base na descendência comum, no poder do xamã e do chefe, mediante crenças, códigos e tabus.

Compaixão – amor reverente e solidário por tudo e por todos, em particular pelos seres menores e mais fracos. Sentir-se participante de uma grande comunhão cósmica, na qual cada um se volta com solicitude não para si mesmo, e sim para tudo o que o rodeia. É uma das principais virtudes propostas pelas tradições religiosas do Oriente (Hinduísmo, Budismo, Xintoísmo e Taoísmo).

Compassivo – aquele que tem compaixão. Aplicada a Deus, a palavra significa a atenção amorosa e solícita para com as criaturas que dele necessitam.

Corão ou Alcorão – livro sagrado da religião muçulmana, traz a compilação do conjunto das revelações de Deus, Allah, ao profeta Maomé (Mohammad, em árabe), fundador do Islamismo no início do século VII, na região da Arábia.

Crença – ensinamento, ideia, doutrina que é objeto de confiança, esperança ou certeza. As crenças religiosas são resultados de experiências humanas elaboradas em forma de ideia ou convicção e transmitidas de uma geração a outra, formando assim as tradições religiosas.

Cristianismo – religião que tem sua origem na pessoa e na vida de Jesus Cristo e nos seus ensinamentos. Inspira-se, principalmente, no Segundo ou Novo Testamento, a parte da Bíblia que se refere a Jesus e seus seguidores e às primeiras comunidades cristãs. Suas características são: o amor ao próximo, inclusive aos inimigos, a ação solidária, a fraternidade, o perdão, a fé na ressurreição.

Decreto – lei ou ordem provinda de autoridade competente. Na linguagem dos livros sagrados, a palavra "decreto" refere-se, em geral, às atitudes éticas ou cultuais devidas a Deus, como forma de cumprir sua vontade, ou ainda ao projeto de Deus a respeito de cada pessoa e da criação.

Discípulo – alguém que procura conhecer, aceitar e seguir o pensamento de um mestre sobre determinado ensinamento ou doutrina.

Escola dominical ou escolinha bíblica – reunião de pessoas e/ou de crianças para estudo da Bíblia e da doutrina em Igrejas Evangélicas e Protestantes.

Escritos/livros sagrados – rolos, livros, pergaminhos, inscrições em pedras, em templos etc., que contêm doutrina, sabedoria e ética das tradições religiosas escritas. Alguns foram escritos pelos fundadores das respectivas tradições. Outros são de autoria desconhecida, pois sua origem perde-se no tempo.

Espíritos – algumas tradições religiosas, do passado e de hoje, creem nos espíritos dos antepassados, que continuam vivos e podem comunicar-se com os descendentes por meio dos sonhos; outras creem também nos espíritos totêmicos, isto é, em determinados animais, vegetais ou objetos que protegem a tribo ou o indivíduo.

Evangelhos – cada um dos quatro livros dos apóstolos Mateus, Marcos, Lucas e João que narram a vida, morte e ressurreição de Jesus Cristo. Fazem parte do Segundo (ou Novo) Testamento, a parte da Bíblia que fundamenta o Cristianismo.

Hinduísmo – tradição religiosa da Índia, originada nos escritos sagrados Vedas. Professa a existência de Brahma, deus supremo e criador, e de várias divindades menores. Com o passar dos séculos, o Hinduísmo foi recebendo novas interpretações e formaram-se várias outras tradições, com alguns pontos divergentes entre si, mas essencialmente semelhantes, como o Jainismo e o Budismo.

Hieróglifos – escrita do Egito antigo que representava realidades da vida humana e da vida dos deuses da religião egípcia. A palavra significa "escrita sagrada".

Homo sapiens – expressão latina que significa "homem inteligente" e indica os seres humanos que viveram no último período antes da invenção da escrita, há cerca de 6.000 anos, e deram origem aos nossos antepassados e a nós. Por isso nós também somos definidos como *homo sapiens.*

Iluminador – atribuída a Deus, a palavra significa "doador de sabedoria, de conhecimento, de discernimento". Nos livros sagrados, a pessoa iluminada é aquela a quem Deu revela seus projetos, seus desígnios, e a forma como eles podem ser acolhidos, compreendidos e seguidos.

Iniciação – ritos das tradições orais e escritas que marcam a passagem da infância para a idade adulta e tornam a pessoa plenamente participante dos direitos e deveres religiosos. Hoje, pode-se dizer que as crianças são "iniciadas" antes da adolescência, no conhecimento e na experiência de muitas coisas do mundo adulto, em consequência das múltiplas informações que recebem da cultura da comunicação.

Islamismo – religião fundada pelo profeta Mohammad (Maomé), no início do século VII, na região da Arábia. A palavra *Islã*, em árabe, significa "submissão à vontade de Deus". Os seguidores dessa religião são chamados de muçulmanos ou islamitas. Allah é a tradução da palavra "Deus" na língua árabe.

Judaísmo – religião judaica, fundada pelo povo de Israel há mais de 2.000 anos, quando os deportados do reino de Judá voltaram do exílio da Babilônia e reconstruíram o Templo de Jerusalém. A reorganização do culto ao deus bíblico Javé, a fundação de sinagogas e a revalorização da Lei do Sinai marcam o início da religião judaica organizada, da forma como existe até hoje.

Locais sagrados – locais reservados pelas tradições religiosas para reunião e celebração de ritos e cultos para a comunicação com o mundo transcendente. As tradições religiosas orais privilegiam a natureza, tais como: o recinto sagrado na caverna do clã, clareiras na floresta, troncos de grandes árvores, cascatas, margens de rios, cumes de montanhas etc. As tradições religiosas escritas, de modo geral, têm construções e monumentos que representam a habitação de Deus. Nas tradições religiosas afro-brasileiras, designam os terreiros, como os de candomblé, umbanda e outros.

Mandamento – nos livros sagrados refere-se aos códigos de ética, de comportamento e do culto que é devido a Deus em cada religião. Na Bíblia, tem também o sentido de caminho, ensinamento, educação.

Mesquita – a palavra significa "casa de oração", local sagrado de oração do Islamismo. Compõe-se de uma área de entrada, onde os crentes podem se purificar com água, e uma área interna, em geral coberta por tapetes, sem móveis. Nela as pessoas se reúnem para a reverência e adoração comunitária a Allah (Deus). O culto principal se dá às sextas-feiras ao meio-dia.

Místicos – pessoas que se dedicam de modo prioritário à comunicação com Deus, seguindo ensinamentos, ritos, exercícios de concentração, gestos etc., orientadas por suas respectivas tradições religiosas.

Mitos da criação – relatos mitológicos presentes nas tradições religiosas. Explicam as origens do universo, do mundo e da vida, atribuindo-as aos deuses.

"No princípio" – expressão da Bíblia hebraica usada no relato da criação. Refere-se a "antes da criação" e ao ato criador do Deus bíblico.

Páscoa – festa judaica que celebra a libertação do povo hebreu do domínio egípcio. No Cristianismo, recebeu um novo significado: a ressurreição de Jesus Cristo.

Partilha – palavra usada preferencialmente na linguagem religiosa. Caracteriza a atitude ética e religiosa de repartir alguma coisa entre duas ou mais pessoas, em partes iguais. Em geral se usa o termo em relação ao alimento ou à generosidade de quem tem mais em relação a quem nada tem.

Prece ou oração – nos livros sagrados, designa a comunicação específica da pessoa com Deus, em forma de súplica, agradecimento, louvor ou um simples diálogo de amizade.

Ressurreição – crença na sobrevivência da pessoa após a morte. Desde as civilizações antigas, havia a crença na ressurreição dos faraós, reis e imperadores. No Cristianismo, a partir da ressurreição de Cristo, ganha sentido mais preciso, tornando-se a meta da vida de todo ser humano. Significa o surgir depois da morte para uma nova e definitiva vida, distinta da existência terrestre. Difere da reencarnação, na qual o espírito sobrevive e pode retornar várias vezes a esta vida encarnando em outra pessoa.

Reverência – reconhecimento da dignidade e da grandeza de alguém e expressão desse sentimento em forma de gesto, atitude, palavra etc.

Sacerdote – pessoa que realiza os ritos de culto próprios de cada religião. É considerado um intermediário, um representante dos crentes diante do mundo transcendente ou de Deus.

Sagrado – local, objeto ou linguagem reservada para a comunicação com o transcendente.

Salmo – forma antiga de prece dirigida a Deus. Segue vários gêneros literários: poema, súplica, descrição etc. É característico da Bíblia, mas já era usado por tradições religiosas anteriores ao Judaísmo.

Shabat – festa familiar semanal das famílias judaicas. Celebra a conclusão da criação e o repouso de Deus e da natureza, no sétimo dia. É dia de intensa convivência com Deus, por meio do estudo da Torá e do aconchego familiar. É evitado qualquer tipo de trabalho, para que toda a criação possa também descansar.

Símbolo – algo que representa e faz lembrar outra coisa, como um coração faz lembrar o amor, a água faz lembrar a possibilidade de vida de todos os seres etc. Os símbolos religiosos representam as crenças e os ensinamentos de cada tradição religiosa, tais como a luz, que lembra a existência e a presença de Deus, ou o círculo, que lembra a imortalidade.

Sinagoga – palavra de origem grega que significa "reunião". São os locais onde se centralizam a vida religiosa das comunidades judaicas. Nela estão guardados os rolos da Torá, que são lidos, meditados e estudados. O culto principal, de oração e leitura da Torá, e o de outros escritos sagrados acontecem aos sábados.

Templo – construções que marcaram os lugares sagrados das primeiras civilizações e dos povos antigos. Em geral, eram imponentes e sólidos, e muitas de suas ruínas existem até hoje. A palavra atualmente é usada com mais frequência em relação ao templo judaico de Jerusalém, que foi destruído pelos romanos no ano 70 d.C. Seus muros são lugar de veneração até hoje.

Torá – principal escrito sagrado da tradição religiosa judaica. Compõe-se dos cinco primeiros livros da Bíblia: Gênesis, Êxodo, Levítico, Números e Deuteronômio.

Tradição religiosa – palavra usada atualmente para designar determinado grupo religioso ou o conjunto das doutrinas, da ética e do culto de uma religião. Por exemplo: tradição religiosa islâmica, tradição religiosa budista etc.

Tradições religiosas tribais orais ou ágrafas – de *a* ("sem") + *grafós* ("escrita"). Conjunto de tradição, costumes e ritos dos povos que não possuem escritos sagrados e mantêm sua identidade pela tradição oral. São as formas mais antigas de tradição religiosa, mas existem até hoje em muitas regiões do mundo.

Transcendente – algo que transcende, isto é, está além das realidades deste mundo. De modo geral, o termo é usado em relação ao mundo dos mistérios das crenças religiosas, isto é, em relação à existência de seres e realidades que as capacidades humanas não conseguem apreender em sua totalidade.

Xamã – espécie de sacerdote das tradições religiosas orais, a quem se atribui a função e o poder de recorrer a forças ou entidades sobrenaturais para realizar curas, adivinhação, exorcismo e encantamentos através de rituais. Atua como intermediário e intercessor junto aos espíritos, considerados responsáveis pelos acontecimentos bons e maus.

Sumário

Boas-vindas à iniciação na sabedoria! 5

UNIDADE 1 – A comunicação no planeta Géa
   1.1. Agentes secretos de Géa 8
   1.2. Palavras (quase) "mágicas" 12
   1.3. Dicionário do conhecimento sagrado............................. 15
   1.4. A casa dos seres pensantes 19

UNIDADE 2 – O diálogo de todas as coisas
   2.1. Iniciados na comunicação sagrada................................ 24
   2.2. A sagrada voz da natureza.. 27
   2.3. Conversa ao redor da fogueira 30
   2.4. O código de Filipe... 34

UNIDADE 3 – O caminho dos textos sagrados
   3.1. A floresta de pedra 40
   3.2. A grande biblioteca 44
   3.3. O caminho dos sábios... 47
   3.4. A escola dominical.. 50

UNIDADE 4 – A procura da comunicação sagrada
   4.1. Saudação ao Sol 54
   4.2. O encontro na praia 58
   4.3. A voz de Deus no coração 62
   4.4. A trilha para Jerusalém 65

Chaveiro dos enigmas 69

Glóssário 71

Impresso na gráfica da
Pia Sociedade Filhas de São Paulo
Via Raposo Tavares, km 19,145
05577-300 - São Paulo, SP - Brasil - 2018